Entre el mar y el tiempo

Omar Carrascosa

Aliarediciones

© Del prólogo: Sharif Fernández
Corrección: Eladia Guerrero
Diseño de cubierta: Jaime Galisteo
Maquetación: Aliar Ediciones

Depósito Legal: GR 719-2024
ISBN: 978-84-10374-08-9

Impreso en España

Edita
ALIAR Ediciones
www.aliarediciones.es
info@aliarediciones.es

Entre el mar y el tiempo

Omar Carrascosa

Escrito en cualquier lugar
del mundo donde
necesitara encontrar paz.

Prólogo

Por Sharif Fernández

Te propusiste llenarlo todo de color
y llamaste a la pena olvido.

Por más que me esfuerzo no he perdido la cabeza todavía. Sé dónde estoy. En un nuevo prólogo. Palabras que vienen a hablar de otras palabras que solo se pueden sentir. Estéril labor si no fuera, como siempre, por un hilo de amor que sujeta el cielo.

Necesito aclarar algo primero. Algo que es importante para mí, quizá no tanto para el lector. Pero ¿quién es ese lector?, ¿qué me importa a mí su opinión? Yo no le escribo a él, sino a ese hilo que al cielo sostiene.

El caso es que pretendo contaros en un párrafo, tan solo en un párrafo, cómo nos conocimos Omar y yo, y así, liberados de ese lastre, centrarnos en lo único que importa, que son sus palabras.

Empiezo. Como en tantas otras relaciones tuvimos un celestino. En nuestro caso fue Jorge, quiero decir, mi compadre Morgan. Quizá muchos lo ignoréis, pero Omar, ademas de deambular por los antros y las noches, posee un estudio de música. Lo que trato de explicar es que cuando lo conocí, solo vi en él esta faceta, la de ingeniero de grabación. Ignoraba completamente que él escribiera. Su estudio era, no sé si lo sigue siendo, un sótano pequeño y humilde ubicado en un barrio obrero de Madrid. En él, el sol tenía vedada la entrada. Por todos lados había cosas allí: instrumentos, luces, alfombras... Todo en un hermoso desorden de cementerio de elefantes. Por si esto fuera poco, el estudio debía de estar levantado sobre no sé qué cementerio indio que hacía que cada dos por tres ocurriera una pequeña calamidad doméstica. Ahí, Delfunky, Morgan y yo grabamos *Pyramo*, y fue en ese eclipse de música, hambre y luz donde conocí a Omar.

Lo demás es historia y no merece la pena desgranarla. Si alguien quiere entender mejor este prólogo, que escuche *Pyramo*.

Lo primero que quiero decir de *Entre el mar y el tiempo* es que está escrito por alguien que ama la palabra, y esto no es poco. Desde que tengo memoria, vivimos malos tiempos para la lírica. Desde que tengo memoria, el mercado y las listas de ventas coaccionan al arte. Por eso este poemario iconoclasta, que no aspira al podio de humo del mercado, no solo es hermoso sino también necesario.

Hacer música es coser la luz en el aire. Escribir es fotografiar con palabras esa misma luz. Lo sabe bien Omar, herido de nostalgia y de esperanza en el nihilismo de su escritura.

Hay en este libro poemas y prosas como los hay en la vida. Hay asfalto y bosques. Hay cielo y boca y sombra y frío y risa y filo. Hay una naturaleza que cuando no da sentido al hombre al menos lo ampara. Hay dolor y hay su reverso. Hay un álbum de fotos hecho con palabras, con sueños, con ayeres.

Puede que él no lo sepa, pero en su poemario también palpita la otredad de Fernando Pessoa y un poco del surrealismo de Vicente Alexaindre. La hermosa perversión de la poesía que nos empuja a traducir en símbolo preciso el huracán sin nombre. El hallazgo de la plenitud en la generosidad del ser que se entrega. Y por supuesto el amor como elemento sanador, como contrapeso al sinsentido de existir.

Puede que Omar no lo sepa aún, pero en el torbellino de su emoción siempre hay algo sutil que perdura, una especie de veta de elegancia, nihilismo y soledad.

EL CUERVO

FUEGO Y HUESO

No hay otra manera de sentir lo que realmente somos. Solo el hielo puede mostrar lo que es capaz de hacer el fuego.

Mi mente se clava ante una mirada esquiva, esperando que vuelva transformada en misterio.

Por más que acaricie su espalda, jamás me dejará encerrar su consciencia y eso es lo que me excita.

Su aliento llena mi pecho.

La sangre hierve y los huesos arden ante la aurora infinita de su cuerpo. Me siento vivo con su aliento.

Quema.

DÍAS DE RUIDO

Siento mis manos y el frío tacto del suelo, cada pulso, cada latido... Escucho un ruido que emite el universo, juego con la gravedad.

Me sumerjo en sueños difusos. Encuentro luz en esta larga noche, aunque ya no sé si quiero salir de este túnel o perderme entre las sombras...

Camino, aún dormido, por el primer rayo de sol buscando lo que mis brazos no encuentran.

Intentando silenciar los gritos que de mi alma brotan.

No paro de soñar con un lugar, en el que mire donde mire solo hay horizonte. Lo baña el calor de la luna y tan solo la nada nos observa.

Sigo pensando en incendiar este cuarto
y arder entre las llamas.

PIEDRA ROSETA

Hablemos el idioma que los dos entendemos y dejemos las palabras para otro momento.

Recuérdame cuántos decibelios alcanza tu corazón cuando grita a cielo abierto.

Deja que te observe,
descosamos nuestros cuerpos.

HECHOS DE BARRO

En casa tengo una biblioteca entera llena de hombros. Supongo que todos tenemos al menos una balda llena de partes del cuerpo de otras personas.

Los uso de marcapáginas de conversaciones irrepetibles y de carcajadas fulminantes.

También guardo ojos que ya no me miran... y labios. Labios que siempre dan el mismo beso, el último beso.

Enamorarme siempre valió la pena. Aunque durara una noche. Aunque solo fuera para convertirme en labios de tu despensa de recuerdos.

Esta noche me desvelé y te encontré a mi lado. Desnuda, mágica, ebria... y roncando.

Ojalá ninguno de tus besos llegue a mis frascos.

TORMENTA DE VERANO

Cuando te veo no puedo evitar recordar el sabor de tu piel, tus curvas de madrugada, el sudor de tu cuerpo, los fluidos de tu alma, tu lengua... tus alas...

Intento escapar, pero te encuentro en todas las esquinas de mi laberinto. Te veo, te huelo, te siento... y te vuelves a ir lejos. Te conviertes en aire.

Tu sonrisa reflejada en las nubes.
Mi cuerpo en el suelo con el pecho al descubierto.

PURO VENENO

Es muy difícil verte y no pensar en sexo. Gotea lujuria por tus poros. Hasta sin darlos saben a pecado tus besos. En tus labios está escrita la palabra *deseo*.

Por más que miro al cielo ya no veo estrellas, solo sitios donde jugar con desenfreno, donde perder la razón, la ropa y los miedos.

Pones a prueba mis nervios y a esta lengua inquieta que ya no se conforma con piropearte de lejos. Ella solo piensa en hacerte... para oírte... para perderte...

Me conformo con verte estremecer. Con ver cómo te muerdes los labios, cómo te sientes mujer.

Por más tiempo que pase,
es muy difícil verte y no pensar en sexo.

Por más tiempo que pase,
sigue bailando en mi sonrisa tu deseo.

DIRHAMS EN LA ALMOHADA

Hoy se avecina tormenta. Aviso para quien quiera intentar llegar hasta el cielo. Con cada trueno un intento nuevo y nada que pensar.

Pensar que no queda nada por cambiar es pensar que algo ha muerto. Cada noche yacemos juntos entre el mismo fuego. Ni nos quemamos ni lo vemos, pues pensamos que ya no hay fuego, cuando en tus labios está la llama y en mi pecho el queroseno.

Ardientes deseos, escondidos en ese rincón donde florece nuestro cerezo, donde se mecen los sueños que un día tuvimos. Donde no nos pudimos dejar de mirar, donde por más que quisimos siempre nos faltó tiempo para un último beso a través del cristal...

Nos perdemos, hoy, entre tanto miedo. Mañana, nos perderemos de nuevo, pero esta vez será desnudos y entre besos. Amando por amar.

LA NOCHE DE LOS FUEGOS FATUOS

Enganchado.

Con la cordura desangrándose a mi lado,
no me queda nada que me recuerde que es de día,
y mi noche es eterna.

¿Qué importa ya lo que vimos si cambiamos de camino?

La luz cayó entre aquellas montañas.
—Luz es lo que no necesito. Luz nunca me hizo falta—.

¿Para qué quieren luz mis ojos si mi alma camina sin ver nada?
Adicto...

Adicto al amargor de la primera manzana, al brillo de la luna,
al sabor de la carne humana.

Enganchado a unos labios que sellan miradas.

BON VOYAGE

Cansado de sentir frío y arder por dentro,
no sé si mantendré el equilibro por más tiempo.

Se quemó la ilusión que nos mantuvo unidos,
se torció el renglón que escribimos juntos.

Último peldaño entre el *por fin nos volvemos a ver*,
el *por fin te tengo* y el *que te vaya bonito*.

LA ÚLTIMA VUELTA DEL INVIERNO

Sin mediar palabra se alza el invierno sobre nosotros. Con su manto, pálido lino,

nos envuelve y protege de los murmullos que dan la vida por perdida.

Sin negociar, el frío se extiende y enreda en tu cuerpo ese olor a leña y silencio que cura cicatrices.

Sofisticado y sin artificios llega para aliviar el pulso y hacer nuestro el tiempo, calmando con su raigambre la impaciencia de quienes no conocemos la paz.

Retira el polvo del aire, elimina las distancias y los vaivenes, retiene a los amantes y los mantiene prendidos mientras acalla en la noche los ruidos que irrumpen su calma.

Pronto solo quedará el estío y solo entonces echaréis de menos el frío. Hoy por suerte el invierno ya está en camino.

860 SEGUNDOS

Mil días de lluvia.
Bandadas de pájaros en vuelo
hacia la puesta de sol más cercana.

Colores cubriendo el cielo,
tempestad carmesí.
Vientos con olor a mirra,
cálido aroma.

Tiempo entre sábanas,
tierra de sueños,
tierra de animales.

Luciérnagas en un árbol,
buitres sobre nuestros cuerpos
desnudos.

Solos. Vivos.
Perdidos.

NUEVA LUNA DE MAYO

Media luna, ni para ti ni para mí, tan solo media luna para todos. Para todos los que quieran resurgir en un elixir de almas desnudas. Una mujer que, por más que te enseñe, siempre será menos de lo que te esconde.

No quieras saber porqués, no preguntes. Hay algo que no ves, donde la luz no es tan fuerte, donde por cada alegría veinte lágrimas mueren.

Tanta energía, y tanta tristeza...

La verás radiante, inmaculada tal vez. Pero nunca sabrás lo que por dentro lleva. Es un alma recién nacida cada día y cada día muerta.

Quieres entenderla, creerás entenderla, pero no intentes comparar tu dolor con ninguna de sus penas.

Tan sabrosa y amarga como el tequila. Tan dulce y misteriosa como esa droga que te hace suspirar y volar mientras te arranca la vida en cada suspiro.

Mírala de lejos y siéntete afortunado, pues es mayor el dolor para los que soñamos cada día con la noche que la tocamos.

ODA A LA LLUVIA

Me pasé el día rodeado de millones de gotas de agua que, destinadas a encontrar su final en un vulgar charco, intentaban volver, ascender a su hogar rogándole al mismo cielo que las acunara en sus entrañas y las convirtiese en hielo.

Hoy millones de gotas han muerto.
Bajo este cielo no existe la piedad.

Nadie, absolutamente nadie, se paró a pensar lo que estaba haciendo al caminar sobre los charcos. Todos buscaban a Dios y no se dieron cuenta de que lo tenían ahí mismo, bajo ellos, pisoteado... Quizá no es así como el mundo lo esperaba, pero a este ritmo será así como lo recuerde...

Qué tormento es la sed sin agua y qué triste es la gente que ve llover y nunca ha vuelto a casa empapada.

ALMA LATENTE

Mil sueños
todos seguidos,
todos distintos,
todos iguales.

Sudores fríos.

365 pensamientos
para un momento,
para un deseo.

Sudores fríos.

Infinitas ideas
de cómo,
de cuándo,
de dónde.

Sudores fríos.

¿Porqués?
Solo un porqué.

LA PRIMERA VEZ

No hablo de sexo, hablo de empezar besándote los pies y acabar comiéndote el alma.

Arañazos en la espalda.
Arrugas en la almohada.

Hablo de nervios como la primera vez.
Si la cara es el espejo del alma,
dime por qué te tiemblan tanto los labios.

Quizá tus ojos me engañen
pero tus pechos te delatan.

CUANDO EL NOMBRE ES UN PESO

Las nubes miran asombradas
mis deseos de inmortalidad.
Mi nombre morirá conmigo,
lo bañarán el silencio y el olvido.
En un tiempo no quedará ser que nos haya conocido,
entonces ¿a qué vinimos?
Mi sangre quedará
en los geranios y en los lirios.
A la tierra, la lluvia y el viento
llevaré por compañeros,
todo lo demás habrá volado
o habrá huido de mis tormentos.
Una tradición de artesanos y comerciantes,
de trabajadores e inconformista sin remedio,
habrá llegado hasta aquí su verbo y el mío.
Quedaremos para los momentos de nostalgia y embriaguez
o palideceremos como quebrantos
y no habrá más palabrería
ni más cuadernos manchados.
Supongo que por pena y por orgullo
hoy escribo a mi nombre
porque sé que conmigo acaba,
porque sé que seré el último de los míos.

ENFERMO

Nopuedopararde escribirydecomermelosespaciosmisespaciostusespacios.Tengoqueempezarapensarenqueestápasandoporquenopuedodejardeescribirynovoyprecisamentedespacio. Quierohacertesonreírmásdeloquenadiejamáslohahechoperocontantapalabranoquedahuecoparaloshechos.Aversienalgúnmomentoseparamoslaspalabrasbuscamoslosespaciospasamosaloshechosydejamosaceroelairequeseparanuestroscuerpos.

¿Quieres?

VEGA

PERRO FLACO

Me sorprendo al enterarme de que después de tantos años aún conservo mi adicción al sonido del aire. Aunque sé que no es la única.

A preguntarme por el tiempo, la muerte o la vida también guardo costumbre, a pesar de que cualquier respuesta me vale.

Huir hacia delante siempre fue mi don, experto en negar la mayor y mantener la calma. No le encuentro sentido a la palabra *perdón*.

Elegí la paz como el disfraz de mis flaquezas, aunque todavía conservo el sabor a relámpagos y el olor a pólvora en el pelo.

BOA TARDE

Borrar la memoria de los nostálgicos, cambiar el significado de la libertad con tu propio vuelo.

Volver a perdernos en esa nube, impávidos ante el horizonte de consecuencias.

Reivindicar la belleza del último sorbo. Llenar todo de humo como si el corazón ardiera.

Aceptar el amargor de lo efímero y la belleza del momento.

Fue tan sencillo llenar de arena el tiempo como frenético será recordar tus besos.

Sin nada que hacer en las playas de Comporta.

ITER UNIUS DIEI

A la espalda, la arena del desierto, en el presente, inconsciencia.

Es fugaz el tiempo que existe entre ser recuerdo y ser olvido. Si tan solo observáramos lo que nos rodea, si tan solo nos abandonáramos al amor y huyéramos...

Ojalá pasara despierto la mitad del tiempo que paso contigo. Ojalá se le hundiera la barca a Caronte y pudiera roncearte con todas mis monedas.

No necesito saber de dónde venimos, no me importa en absoluto la edad del universo. Tan solo accedo a dejarme llevar, sin miedo, a un lado Marte y al otro Venus. Dejarme llevar y sentirte inflamable en mi pecho.

CON LOS AÑOS

Con el caminar del que a cada paso tropieza, el horizonte se aleja de El Todo, de La Nada y de nosotros.

El olvido se hace diario y las palabras ceden ante el peso de los hechos. Creímos que todo era luz, cuando todo eran sombras. Nos arrepentimos.

Nos arrastramos bajo nuestros propios cuerpos, aún sin vida, llenos, puros. Exigíamos paz mientras moríamos en nuestra propia guerra. Buscamos, sentimos, sucumbimos. Colapsamos cada sentido. Nada era como fue, nada fue como creímos...

Atravesamos la inmensidad, pero no llegamos a ningún sitio. Entonces y ahora todo era eterno, todo es mortal. Alma hecha de silencios, de vacíos que llenan la vida.

No importa el espacio,
no importa la tristeza.
Todo es cuestión de tiempo.

CUENTA ATRÁS

Vi en tus ojos
el reflejo de lo incierto.
Desafiante.
Perdido entre polos opuestos,
el ritmo, imperfecto en el compás.

Con cada paso que das
más avanzo en esta espiral.

Los sentidos huyen flotando en el vacío.

Volviendo a casa, siendo agua y arena.
Siendo barro en esos labios
de cristal y olvido.

161

A través del fuego escuché sus palabras.
Con el eco llegó el viento, nubes y finalmente agua.
Un desierto de ceniza, barro y esperanza.

LUCHANDO CONTRA EL EJÉRCITO DE LAS PALABRAS (I)

¡Capitán! ¿Dónde está mi fusil y dónde están las balas? Cuando el enemigo me atormentaba con la guerra y me salpicaba la metralla, ningún barracón estuvo listo y ninguno de nosotros escuchó los avisos. Cada mañana sonó una campana en el jardín de mi mente... hasta los pájaros lloraban.

El amanecer no dejaba ver los charcos que dejó la lluvia, no se podía avanzar, no se imagina lo que pesa el rocío de la mañana, no se imagina cuántos cuerpos se han quedado mirando al vacío pensando que veían hadas.

Ya no hay manera de retroceder, capitán. El fuego enemigo nos acorrala, las minas antipersona estallan, estallan. ¡Estallan! Y revientan todo lo que delante se ponga. Dígame, capitán, dónde demonios están las balas, que esta es la octava vez que aprieto el gatillo dentro de mi garganta y no ocurre nada.

OBSESIÓN

Quiero olvidarme de tus ojos y dejar de mentirme.
No volver a sentir que pierdo lo que nunca me diste.

Quiero borrar esos labios que imagino frente a mis labios cuando hablo con alguien que ni siquiera existe.

Tengo que dejar de atormentarme con tus caricias. Caricias que tan solo me da el aire, aire que yo llamo por tu nombre.

¿Qué voy a hacer ahora si sé que soy yo quien me araña la espalda cuando sueño que me envuelves con tus piernas?

Tengo que dejar de imaginar el roce de nuestras lenguas, el sabor de tu espalda sin tan siquiera verla... No volveré a esconder el sol que te despierta porque sé que lo de anoche fue todo un sueño, que debajo de las sábanas solo estaba mi cuerpo.

Voy a desatar ese suspiro que dejé en mi cuarto esperando a que dijeras *¿qué querías que hiciera para convertirte en realidad?*

Bastante hice con amarte sin conocerte.
Bastante perdí con mirarte y nunca verte.

CABALGAMOS

[No miento si digo
que en ese momento
ni al mismo Apolo envidiaba.
A la derecha sus hombros
y a la izquierda la Venus de Botticelli]

La vida de sábana,
el tiempo de vulgar espectador.
Mil doscientos escalones
para fundir el cielo y el mar.
La inmensidad del agua,
la naturaleza inundando todo lo presente.
El silencio sumiso. Poca luz.
No a oscuras pero poca luz.
Para que la parca no nos alcance,
para que huyan los miedos.
Vino y fuego.

FLOR DE INVIERNO

Hay días que me apetece esconderme, plegarme como un trozo de papel. Me apetece ser el último aliento de un anciano muriendo por la edad, la primera lágrima de un niño que acaba de nacer y que ya echa de menos el calor de su madre.

Hay días que no me vale con respirar.

Hay días que cuando despierto, envidio la última gota del rocío evaporándose al amanecer. Días en los que quiero ser sombra, días en los que quiero ser sol.

Es despertar y dejar de entender.

Hay días que nada más abrir los ojos tan solo pienso en caerme desde lo más alto del cielo convertido en lluvia, en rayo o en relámpago; y desaparecer.

Días en que no quiero ver lo que mis ojos, aún cerrados, ven.

Hay días que me moriría por volver a ser barro, humo, polvo de estrellas, cenizas de un fuego nunca encendido y nunca apagado.

Hay días que no me vale con respirar y como salida de la nada, entre mis sábanas, encuentro tu figura desnuda y tu belleza... infinita.

CONDUTENMO

Volvería a cambiar de vida por ti pero nunca serías capaz de decirme que quieres que lo haga, aunque tú y yo sepamos que mueres de ganas.

Pensadlo, todos miramos de reojo al hombre que se sienta a nuestro lado. Lamentablemente humanos, ni nacemos donde queremos ni morimos como queremos.

Huele a tierra mojada mientras el suelo se quema.

Y después de esa noche contigo tuvimos que recuperar juntos los kilos perdidos. Sigo buscando mi DeLorean del 77.

Regaré con mis lágrimas esa maceta llena de tierra que me dejaste.

AKI

Hojas en otoño
cayendo abrazadas contra el aire,
cambiando una y otra vez de sentido.
Llegando a un lugar en el que nunca han estado.

Creando contrastes
en un tiempo difuso.
Dejando atrás lo que un día fueron,
para saltar al vacío y contemplar la realidad en primera persona.

Miles de vidas en cada otoño,
solo un otoño para cada hoja.

DEL TODO EN LA NADA

Pues ahora que lo dices... sí que te recuerdo.

Te apareciste en aquel sueño y allí estuviste sin decir nada, a pesar del viento y de los gritos del mar.

Simplemente me sostenías la mirada y a través de ella el alma. Sin más desapareciste, sin razón alguna.

Solo porque así es la vida. Solo porque a veces el camino se acaba cuando no has empezado a andar.

EL ETERNO CAMINANTE

Al alba, las flores permanecen en la superficie del río, aguantando la respiración ante la gran esfera de aguas cristalinas.

Por fin se acercan. ¿Llegarán hoy a tocarse?
Se sumergieron en luz.

Por la noche, el reflejo de su llanto la despertó y la mantuvo brillando. Buscando al amante que llora por ella.

Con el día, los vientos llegaron y se llevaron su voz.

No hay manera de tenerla,
tan solo soñarla,
esperar a la noche
y arder por ella.

PARANOIAS PARANOICAS

Caminando como un loco, escondiéndose ante vuestros ojos, allí se hallaba mi cuerpo.

Caminando entre corcheas y semicorcheas, al fondo todo un abismo se abría ante mí. El cielo y el infierno juntos de nuevo... ante mí.

En ese momento, desde el fondo, una voz muda y sin aliento, una voz que hablaba silencios me dijo:
«Ha llegado el momento de morir, de enfrentarnos al fuego, de intentar volar sobre bloques de cemento. El tiempo estará en tu contra... porque ya se ha acabado. No puedes volver aquí, es tu hora».

No era el día del juicio... ni el 2012. Era una mañana más donde el olvido vuelve a su templo, los colores de nuevo se pierden juntos y la fantasía y la libertad salen corriendo.

Por eso es aquí donde se encuentra mi cuerpo, porque este mundo nadie quiere verlo...

8 DE MARZO

Desde este lado del cuarto, apreciando la ausencia de dioses, me dejo llevar por el ritmo pausado de la noche. Me elevo sobre mi cuerpo a través del humo de esta hierba y me observo.

¿Dónde está el niño que caminaba descalzo sin miedo a pisar nada extraño? ¿Dónde estará el niño que mirando una caja de leche veía un fuerte donde jugar con sus juguetes? ¿Dónde fue la inocencia que dejamos en el patio del recreo?

Ojalá esté guardada para siempre junto a aquel primer beso, junto a mi colección de coches y a Sacha, mi pastor alemán. Y ojalá estés tú ahí para darte la mano de nuevo, ir juntos al parque y decirte lo mucho que te he echado de menos.

CAMINANTES

Nos encontraremos, nos veremos de lejos y miraremos para otro lado. Improvisaremos. Tendremos que comenzar a sentir con los cinco sentidos.

Fue tan largo el camino y tan dulce la espera, que solo unas olas podrían mejorar esta cena.

Por fin, ni un segundo de diferencia, ni una vela de distancia. Nada contará el tiempo ni medirá las palabras. Solo habrá silencio y nada en la mesa, ni miedos ni penas.

Nos arrancaremos la ropa, hasta que solo quede el alma. Nos olvidaremos de todo y empezaremos por las palabras.

SIENDO TUYO

De alguna manera tenía que olvidarte.
No culpes a mis vientos de estas tempestades.

Devoré mis miedos
y me reencontré con el placer del vértigo.

Tuve que huir de ti
y dejar atrás tus luces ultravioletas.

Quise reencontrarme con el rojizo mimbre de invierno,
con el cantar del mirlo en la noche...

Quise dejar de sentirme un capricho.

REFLEJOS

Mis manos frías buscan algo de calor bajo la almohada. Parece que es tarde pero aún son las 8 de la mañana. Debería estar dormido, pero me encontré a mí mismo escuchando unos latidos que no eran los míos.

Quizá me despertara el silencio, que vestido de ruido me arropó. Por más que veo cómo los segundos se pierden, el tiempo sigue pesando igual. Entre el silencio, mi respiración.

Ya han pasado diez minutos y sigo sin querer abrir los ojos por el miedo a no verte. Siento venir un sueño que me va a arañar el alma, me sumerjo en él, vacío y sin nada que me guíe, me dejo llevar hasta encontrar tu mirada.

Por fin te encuentro, dormida en mis latidos.

LA ESPINA

Te regalé un libro
y no una rosa
porque tú eres
de esa clase de persona
que nunca tiraría un libro
pero que desecha el amor
en cualquier papelera.

LLUEVE SOBRE MOJADO

Echo demasiadas cosas de menos.

Hasta ese recuerdo que crees haber superado, pero sigue doliendo, hasta eso echo de menos.

Al mar, sin duda, es a lo que más extraño. En cada ataque de ansiedad y en cada exceso, vuelvo a pensar que la vida hubiera sido distinta de haber podido mirarlo cada noche y no solo imaginarlo.

No es que me sienta solo, es que mis huellas no saben el camino que elegí.

Vivir también lo echaría de menos si me juraran que la vida no es esto, que existe otro universo donde aquel «no» fue un «sí», donde lo difícil es no sonreír, donde nunca me arrepentí de haber mirado al espejo.

No es que me sienta solo, es que vivir me da miedo.

Al tiempo, sin embargo, me gustaría olvidarlo. Pero avanza intacto y de forma estruendosa.

DÓNDE

Hay verdades que no se pueden contar.
Hay mentiras que es mejor no olvidar.
Dime qué es lo que quieres que diga
cuando me miras y no dices na'.

Perdido entre mis sueños ando,
entre tus recuerdos.
Enamorado en silencio,
buscando algo que buscar.

Son mis labios a los que mis manos
ya no les dejan hablar.
¿Qué querrán decir?
¿A quién querrán hablar?
Si no es a mí... ¿para qué escuchar?

Perdido entre mis sueños ando,
entre tus recuerdos.
Enamorado en silencio,
buscando algo que buscar.

Suenan carretas y miles de palmas.
La luna cada vez más cerca del suelo
y yo sigo sin saber dónde estás.

TU DIVÁN

Puedo quedarme ciego sin apenas pensarlo. Loco de amor, señor, si me permite contarlo.

Me resulta tan sano y tan enfermizo enamorarme a cada paso... que el amor te haga perder el control, que te detenga y te impulse a su antojo, que te haga sentir el «todo o nada».

Siento vértigo con ponerme de puntillas y freno en el último suspiro, antes de despertar. Soy adicto a ese recuerdo grabado a fuego sobre tu espalda en mis retinas...

Con la locura de quien olvida su propio rostro. Así es mi día a día.

CARA Y CRUZ

De tanto llenar de flores el olvido
Llegué hasta el último delirio
Vi en su rostro mi condena
Y en su piel mi sacrificio

No sabe el cielo
El tiempo que me queda
Ni sabe de los miedos
Ni sabe de la guerra

Para que la verdad no falle a su destino
Diré que no fue justo volver a verla
Que en su rostro empieza mi mundo
Y en su piel mi recompensa.

CUADROS COMPLEJOS

Cuando estemos hundidos en esta silenciosa inmensidad, perdidos en los espacios que separan las palabras. En esos días en los que llueve de abajo arriba y todas las estrellas marcan el norte.

Cuando no importe la llegada del invierno.
Cuando el todo llegue a la nada, a orillas del infinito.

Entre lo soñado y lo nunca visto a este lado del espejo. Cuando lleguemos a ese lugar donde la luz no lo llena todo de miedos. Donde solo quedan pasiones. Donde solo se ve con el brillo de los sueños.

Cuando comprendamos que no existen mañanas.
Cuando sintamos tanto frío que nos arda el alma y se consuma nuestro ego.

Cuando cerremos los ojos.
Cuando veamos de nuevo y perdamos la calma.

LA SED

Sé que hago mal quedándome en este páramo, pero ya estoy acabando la casa que empecé en su ausencia.

Sé que a veces la tormenta no precede a la calma, pero si no es este mi hogar cómo es que siempre vuelvo cuando pierdo el norte.

Sé que la atracción a lo prohibido propicia lo inevitable pero ya me he acostumbrado a la espada de Damocles.

Ni el mayor de los laberintos podría haber evitado que llegara hasta aquí. Es tan estúpido intentar lo imposible, como salvaje y fiero el placer de conseguirlo.

EN LA PROFUNDIDAD DE LOS CHARCOS

No soy más que la bondad del desierto. Nací imperfecto, lo sé. A la hora de buscar manada soy como un perro. La palabra *causalidad* me produce terror. Creo que soy más libre cuanto menos creo. Tengo que evitar pensar en hacerte... para oírte... Somos como navíos romanos ante el fuego griego. No existe mejor cómplice que el silencio, ni droga más pura que el recuerdo de tus labios. Nunca sabremos los secretos que murmuran los árboles al viento. La verdad no tiene un camino. Ninguna vida es pasajera. La libertad del náufrago es envidiable, por desmedida y asfixiante que resulte. La lluvia en verano es un agujero de gusano que nos permite recorrer nuestro pasado dando saltos en el tiempo. Olor a café, a mirra, a palo santo. Olor a pino y a carrasca. El Mediterráneo y el Atlántico. Amanecer en Bellano. Atardecer en Oporto.

NOCHE Y DÍA

Soñar de día y vivir de noche es el pulmón de quienes no paran de buscar. Es el cáncer de quienes nunca encuentran nada.

Soñar de noche y vivir de día es el agua de quien no tiene sed. Es el hambre de quienes ya agotaron la comida.

Tú eliges dónde empieza y acaba tu noche, dónde empieza y acaba tu día.

En el aire

todo es polvo.

HUMO

El final serán recuerdos en un baúl.
Y en el baúl no quedará aire que respirar.
Ya no habrá velas a las que soplar.
Todo será humo.

LUCHANDO CONTRA EL EJÉRCITO DE LAS PALABRAS (II)

Perdone, capitán, por este parte de guerra, pero las tropas se cansaron de esperar a que viniera. Nos pudieron las palabras, ya ninguna nos echa cuentas. Mire donde mire solo verá cadáveres y millones de lágrimas muertas.

Usted no sabe lo que cansa pensar en tanto movimiento... en tanta estrategia. Era fuego a discreción, miraras donde miraras tan solo veías hadas disparando a quemarropa. Ahí las tenías, disparando con lo que más dolía: palabras. Maltratando nuestra mirada con sus miradas... esas malditas miradas que te decían: «Sueña con quitarme la ropa, mientras yo te robo el alma».

Lo siento, capitán... ya solo somos palabras.

CUANDO APAGO LA LUZ TODO SON SOMBRAS

Cada mañana despierto rodeado de más de mil soles. En cambio, al acostarme, ya ni la luna me acompaña. Tan solo mi sombra está presente. Ella siempre está ahí mirando. Esperando a que pase algo o a que haga algo por los dos. A que inicie, de una vez, el movimiento que tanto ansiamos.

Me vigila, me observa, ha llegado a imitarme a la perfección, pero nunca dice nada. «¿Por qué no comienzas tú nuestra historia? —le insisto—. Yo te sigo». Pero ahí se queda... quieta.

Me seduce con ese mirar tan deseoso, a veces hasta parece que esté enamorada de mí. ¿Acaso puede una sombra enamorarse de un hombre? ¿Por qué no se enamora de otra sombra?

Sin embargo, sé que no pasa la noche conmigo,
en cuanto apago la luz desaparece.

Se va a jugar con otras sombras. Lo sé porque cada mañana amanece cansada, sin querer levantarse y nunca me cuenta nada...

Son sus historias, sus historias del mundo de las sombras.

Fiel compañera, callada, observadora,
disfruta de tu noche, querida sombra.

CONFESIONES

Si me quitara el estigma de mis viajes
y mi vocación por las trincheras
correría suelto de equipaje
sin temor al mundo.

Si negara mis vestiduras
y devolviera cada bocado
nacería cubierto de escarcha,
oculto en el ocaso.

Pero por más que cambiara mi historia
cada paso me llevaría
al momento en que tus ojos
se grabaron fatídicos en mis retinas,
cuando tus manos atraparon mis manos.

Nada saldrá como esperas,
no hay rumbo entre mis neuras.
La única esperanza es que escampe
cuando los caballos suenen
entre las grietas de tu pecho.

CUESTIÓN DE TEATRO

Condenaría mi libertad a un trozo de papel y lo echaría a volar solo por el simple placer de sentir lo que es vivir sin tener que pedir perdón.

Sin tener que observar las horas esperando algo, que tanto ellas como yo sabemos que nunca ocurrirá.

Ya solo queda una cuestión que resolver. ¿De qué color será el papel en el que condenaré a mi libertad?

TALUD

NÁUFRAGO

Hoy volví a notar tu aliento en el corazón y no pude evitar arrodillarme ante ti.

Hoy, como ayer, volví a beber de tus aguas y supe que mis manos te servirían para siempre._

Aunque queden para el recuerdo la tierra, las sábanas, los sueños e incluso el silencio, me quedaré contigo.

Iré haciendo el camino plantando rosas al amanecer y marcando a cada paso esa cicatriz que tanto acaricias.

Saliste del mar para mí. Yo era uno entre la multitud, pero me miraste a mí. Te demostraré por qué.

Juntos llegaremos a la orilla sin izar bandera alguna.

DESDE LA LIRA DE NERÓN

Sin mirar atrás quemo el último puente. Convierto el caos en mi fortaleza. La disciplina de reinventarse es un arte en el que te inicia la vida, quieras o no.

Lo ganado es cuestión de tacto, lo perdido de mala suerte. Se quiebran nuestros pilares a cada paso. Amargo *cocktail* de orgullo y arrepentimiento.

Camino por los escombros de los sueños que tuve para no olvidarlos. Fue desmedida la energía que invertí en mi obra. Por suerte el fuego camina conmigo y da fulgor a mi paso.

Sin mirar atrás quemo el último puente.

UNBORN

Tras el discurso de las campanas, replicamos todos al viento que no queremos caer a este mundo, donde antes hubo juncos y olía a espliego.

Si Céfiro pudiese hacer la primavera eterna, no existiría el cazador ni existiría la presa.

Entre tanto, el tiempo pasa, ¿qué se pierde antes, el corazón o la cabeza? ¿Dónde te dispararías primero?

Caemos sin remedio en ciudades que repiten el ciclo de las ruinas sobre las que se irguieron.

No pedimos permiso para volar. ¿Por qué piensan que lo haremos para comer?

REFLEXIONES TRAS EL CRISTAL

La brevedad de un segundo tan solo es comparable con el peso de un grano de arena. Sin embargo, vivimos enterrados hasta el cuello de tal manera que para poder respirar contamos la vida en años.

El tiempo, prostituta de nuestro siglo, droga de la gente que se encuentra perdida cual gota de agua impactando en el mar, nació para arrancar a bocados la tez de la vida.

El tiempo son las gotas de un sudor no visible que marca la piel, dejando cicatrices al compás que marcan las horas. Lento y agonizante.

SIN DESCANSO

Nada como una oleada para limpiar toda esta mierda, quizá así dejemos de oler a tierra quemada.

Toda la libertad que nos dais cabe en esta bala. Todo vuestro honor tan solo son medallas, no significan nada, no existen galones para el alma.

Tan hueco esta vuestro corazón como vuestras palabras. Habláis y mentís, mentís y olvidáis.

La espiral del tiempo en la que giramos ya no tiene oxígeno, para cuando tengamos pan ya no podremos respirar.

No podremos cambiar el mundo, pero seguiremos luchando hasta recuperar la paz.

MALDITA PENA

Entre olivos y desencantos, crecen penas y lamentos. Con ruido de sirenas arden velas y se hunden barcos.

Entre penas sin condena, nacen los miedos. Entre nubes de tormenta, llueven sueños y milagros.

Ahora me toca ver el color de la derrota, porque fui destinado a morir por mucho que me oponga. Ya no puedo volver a nacer. Ya no hay forma de tenerte ni de perderme entre tu boca.

No se quién me engañó ni quién maldijo mi pena.

A esas horas jamás volveré a abrir la puerta.

Entre gritos y más gritos, crecen horas de silencios. Entre parajes perdidos, nace el olvido y yace el recuerdo.

Entre fríos delirios se colma mi paciencia porque solo quedan rostros borrosos con miradas de inconsciencia.

LATITUDES OPUESTAS

Con cada latido, en cada pulso de este tempo, intento salir de mi mente, descoser mi propia envoltura y encontrarme mirando justo desde el otro lado. Buscando el horizonte que se perdió en tus labios.

Ese momento nunca llega. Por fuerte que sea el movimiento siempre vuelvo al mismo sitio, la energía me traspasa.

Todo se lo lleva el aire. Los kilómetros se encuentran en la distancia, se hermanan al tiempo y derriban los puentes que tendí.

A veces agua, a veces arena en el desierto... Somos igual al espacio que nos falta partido por el tiempo que perdimos.

PÁJAROS

Cuando hasta un alfiler se escuche al caer en las entrañas.

Cuando el eco golpee las paredes de nuestras almas.

Cuando sientas la sangre bajar por la garganta y no quieras evitarlo.

Cuando te encuentres buscando esperanza entre la brisa es que la piel ya pasó su ocaso.

La verdad se esconde en los últimos rayos. Nos quedaremos con el sabor de boca de quienes amamos. Habrá risas y algunos llantos.

En cuanto al tiempo que permanecí sin luz, nadie sabrá jamás lo que pasó, solo tú y yo y aquellos pájaros.

ONDAS GRAVITACIONALES

Como si nunca hubiera estado allí, como si el tiempo me abandonara y no pudiera recordar aquellas noches frías.

Me aburre tanto la vida que prefiero seguir barriendo hojas, aunque el viento no amaine.

No puedo creer en contra de mi voluntad.
No puedo defender aquello que no quise.

Me niego a perder la memoria en alijos de ausencia.

10 AÑOS DE ENCIERRO VOLUNTARIO

Han pasado ya diez años, muchos viajes, cambios de tono e infinitud de armonías. Pero por más que hemos probado llaves ninguna abre la puerta de este cuarto.

Hemos vivido historias que nunca imaginamos, convertido el agua en vino y hasta logrado que otros lucharan en nuestro bando.

Nos han llamado locos, ejemplos a seguir. Nos han leído las manos e incluso han rezado por nosotros.

No nos cabe duda, el espacio es igual a la velocidad por el tiempo. ¿Pero qué es exactamente el tiempo? ¿Por qué cuesta tanto retenerlo?

Después de tan poco y después de tanto, seguimos anclados al sitio donde nunca llegamos. Seguimos intentando salir de aquí dentro sin tan siquiera saber dónde están las paredes de este cuarto en el que nosotros mismos nos encerramos.

Fui yo quien tiró la llave al mar y cuando la marea la devuelve a la orilla soy yo el que la vuelve a lanzar.

INSOMNIO

Todos los días son sábado a tu lado, pero hoy es lunes y estás tan lejos de mí que por más palabras que se lleve el viento nunca me podrás oír.

Hoy, me acuesto de nuevo pensando que ya son demasiados los años que he dejado que se estrellen contra el suelo. Ya solo me queda la tinta del boli y la compasión de este cuaderno.

¡Insomnio! Me castigas a vivir a solas con mi mente, más horas de las que mi mente me soporta. Ya hace tiempo que nos perdimos el respeto, ya ni nos hablamos. Aunque estemos a solas y ella no pare de gritar ya no la escucho. Mi corazón se cansó de tanto blablabla y mi mente se cansó de vivir a su compás.

Parece que no sé vivir en la alegría. Parece que es más fácil no dormir que hacerlo soñando con que a mi lado tus ojos me miran.

Esta noche volveré a morir ahogado en mi universo y sin dormir.

OBSERVANDO PALABRAS

Confusión, calma, tranquilidad y sosiego.
Observando palabras... tintineos...
El mundo por una noche no llora,
por un momento se detendrá el eterno segundero
que tan cobardes nos hace.

Por un segundo contar el tiempo
volverá a ser tan solo un entretenimiento,
un pasatiempo desagradable,
un sentido para las cosas que no lo tienen.

Por un día dejaré la mente en blanco.
Borraré todos esos borrones
que tanto tiempo miré de reojo
y volveré a mirar al cielo.
Sin miedo esta vez.

Por un día regresaré al infierno.
Quemaré todas esas mentiras,
todos esos besos que no me dieron
y todos los nombres con los que ya no me atrevo.
Por no ser nombres sino señuelos.

Por un día despertaré
y me quitaré la ceniza de los hombros.
Para que puedas por fin conocerme.

Para que pueda por fin conocerte
reinventándonos el tiempo.

DÍA 1

Y una vez más el tiempo nos deja en nuestro sitio,
en un cuarto de baldosines blancos,
lleno de cuadros en blanco
y de relojes sin agujas.

Solo que cada vez
quedan menos baldosines
donde poner los pies.

RÍO ABAJO

Si seguimos río abajo no llegaremos a ningún sitio, solo veremos lo que unos patéticos dioses nos han dejado escrito.

Cuando está todo perdido solo queda olvidar lo que fuimos y seguir nuestro camino, pero tú por el tuyo y yo por el mío, cariño. Ya me he cansado de repetir siempre lo mismo: me da igual a quién quieras de los dos mientras te acuestes conmigo.

LÁGRIMAS DE TINTA

Mirando un espejo, quieto y ausente. Juntando los párpados y perdiendo la mente, verás una sombra salir de tus ojos.

No tengas miedo, son restos de sentimientos rotos. Será doloroso. Llorarás en el acto. Sucederá siempre que intentes ver tu verdadero rostro.

Cuando lo consigas, esa sombra será una espina que recorrerá tu cuerpo abriendo viejas heridas.

Pero es así como nacen... así es como nacen las lágrimas de tinta.

DESPIERTA

Despierta, abre los ojos y sueña con la libertad de vivir en una celda. Cierra los ojos y despierta. ¿Dónde están los barrotes que te atrapan en esta? Mira tus manos, verás el miedo de tus ojos reflejado en ellas, verás ese inmenso vacío que te atormenta.

Despierta y vuela. Siente el olor de la tierra, la paz de sentir que el final se acerca. Cruza la meta y empieza a vivir, abre tus pupilas y empieza a sentir. Rompe las cadenas, tú tienes la llave. Alimenta a tu mente. ¡Se muere de hambre! Tú no eres un hombre, no eres nadie, ni nada.

Despierta, siente la lluvia de la tormenta, descubre la calma en la que te deja. Rompe los barrotes de la reja de tu mente, grita y siente.

Despierta a ese ser sin conciencia que eres tú. Piensa en curar las heridas con esta nueva luz, sal de las sombras y pisa firme la lona que cubre los pasos de tu vida. Pues tus huellas serán tu obra, un sueño hecho realidad o una pesadilla.

Despierta, abre los ojos, llora. Mira de frente a la vida y llora, porque tu cuerpo solo son escombros, trozos de un vaso sin fondo. Eres un ser que solo tiene rostro.

Despierta y rompe la puerta que te encierra. Busca la luz y deja de conformarte con las sombras, busca tu propia comida y deja de vivir de sobras.

Despierta o vivirás una vida muerta.
Despierta y siente la tormenta.

DEMONIOS

Mirando un cielo, de repente ensangrentado, aparecen ante mí cientos de gigantescos demonios. Demonios sin ojo para poder oír. Demonios que antes de ser demonios fueron llamados locos.

Si todos esos demonios gritaran a la vez, no habría bastón que te pudiera sostener, nada de lo que ahora ves quedaría después, solo un leve aroma a fuel envolvería tu cuerpo.

A un ritmo demasiado frenético como para contarlo aumenta el número de ellos, cientos de gigantescos demonios. Cuando quieras darte cuenta, te habrán rodeado. Cuando creas que no están ahí, estarán vigilando sin descanso.

Así, cuando ya no quede un hueco de aire ante ti y no quepa ni un rayo de luz entre tanto extraño, sentirás que no está tan lejos el otro lado, que son las garras del maligno las que te están apuntando...

Leyendas cuentan que fue el mismo cielo quien los creó. Yo sé que no, ya que no existe sombra si no existe sol.

... y ya son demasiados años.

CUANDO EL VIENTO NO SOPLA

Porque cuando el viento no corre y la esperanza no vuela solo queda romper la veleta y perder el norte; recoger la cosecha y calmar (o no) las tempestades. Que en esta tierra de flores y huracanes hasta los girasoles intentan buscar otros soles.

Soles que no tienen luna. Lunas que no tienen mar. Mares de peces que no saben nadar... Porque cuanto más pesa la sal menos duelen las heridas.

Porque cuando el viento no corre y la esperanza no vuela, solo queda tiempo para contar los granos de arena, recoger la cabeza y agitar las ideas; que en esta mísera y perdida tierra hasta los girasoles buscan el sol que más calienta.

Calor sin amor. Amor sin perdón. ¿Perdón?

Perdón de gentes que no saben andar, porque cuanto más pesa la sal menos se ocultan las heridas.

Porque cuando el viento no corre
hay que soplar.

EL ÚLTIMO SUEÑO

Sueño que despierto aterrorizado, mirando un suelo que nadie jamás ha usado. Solo oigo mi corazón latir pausado y ausente... buscando sonido en un silencio que lleva al olvido, donde solo se oye el tictac de un reloj sin ritmo, donde la gente se ha vuelto inerte y las palabras son simplemente mudas.

¡Es el futuro lo que se muestra en el iris de un hombre! ¡Miradme entonces, y decidme qué veis! ¿¡Cuál es mi destino si mis ojos ya no tienen brillo!? Solo dibujan un camino que acaba en la nada, en el sitio donde mi alma vaga y se para a escuchar el mar... ¿Lo oyes gritar? ¿Entiendes lo que pide? Pide libertad. Porque, al igual que mi alma, él solo quiere volar, llegar alto y tocar el cielo... dejar de pensar y caer en el suelo que nadie usó, para finalmente despertar, mirar ese maldito reloj y dejar de esperar. ¡El momento ha llegado! ¡No aguanto más!

Y entonces me doy cuenta de que no merece la pena respirar, de que todo este sueño ha de ser verdad, de que se ha acabado el cuento, de que hoy y para siempre... muero.

AUSENCIA

Sueño. Lo que crea un sueño es una ilusión que en el corazón se ha hecho fuerte. Que por difícil que sea quieres luchar sin tregua, de sol a sol, con los ojos cerrados, dejando tu vida en ello, despreciando cualquier tipo de consuelo.

Ilusión. Lo que crea la ilusión es el deseo. Un deseo que se hace intenso cuando tu mente solo piensa en ello. No puedes ver la realidad, solo quieres tocar el horizonte, volar, poseer, ver, querer o querer que te posean, que te vean o que te quieran.

Deseo. Lo que crea el deseo es la ausencia. La ausencia de una vida plena, la ausencia de algo por lo que luchar, la ausencia de algo por lo que morir, la ausencia de la sensación de ser feliz.

¿Qué es la ausencia? La ausencia es perder tras luchar por un sueño. Morir cuando una ilusión ha muerto. La ausencia es lo que queda cuando te han dejado sin deseos.

La vida es tan solo ausencia.

LLUVIA Y CALMA

No quiero ser el tiempo que te arrastra ni nudo en tu estómago. No quiero ser polvo en tu camino, carga sobre tus hombros ni peso en tu mochila.

No quiero marcar tu piel de llantos ni ser tu afonía. No quiero ser duda ni despedida. No quiero ser ladrón de tus sueños ni amargo sabor en tu sonrisa.

No quiero ser la última gota ni ser lo que no pudo ser. No quiero cambiar tu rumbo ni hacerte caer. No quiero ser en tu mirada perdida.

Quiero ser todo lo que no te esperabas, la excusa perfecta, la luz que te da fuerzas y el frío que te cobija.

Quiero ser la templanza que buscan tus ojos, el masaje en tu espalda, el vino a media tarde, la pausa.

13200 LUNAS

Sentirte cerca y ver cómo corres por la montaña, seguirte absorto por la emoción de encontrarte.

Escoltar tu rastro para que no desaparezca. Inhalar tu esencia y notar cómo se desvanece.

Buscarte de nuevo, buscarte en las nubes, buscarte en los árboles, buscarte en la juma y nunca encontrarte.

Aceptar la derrota como única certeza.
Doblegar el alma y clamar al sol que nunca vuelva.

Parpadear y empezar de nuevo.
Encerrado cada luna entre Eros y Tánatos.
Entre Tánatos y Eros.

ÍCARO

CRISTALES EN EL OCÉANO

Me gusta estar donde ni siquiera existo. Donde el último que me vio entrar ya se olvidó de mí. Donde exista Yoko, aunque no existiese Lennon. Donde, sople o no sople el aire, tu pelo siga encrespado y tu mente no tenga límites.

Me gusta sentirte desbordar la lógica de lo posible...

Me gusta estar donde ni siquiera existo. Donde nadie nos mira. Donde puedes ver cómo los demás pasean, ríen o cantan pensando que nadie los mira.

Me gusta estar donde ni siquiera existo, porque me hace sentir más tuyo.

DUEÑO DEL SILENCIO

Nada como una parada en el camino. No es normal que haya sombra por este sitio y dimos muchas vueltas para llegar hasta aquí.

Entremos en ese jardín, entre el cemento y el barro. No llegaremos a perdernos, aunque si caminamos demasiado el olor a mirra no será suficiente.

Aquí sopla el viento y cimbrean cantando las ramas. No existen refugios, tampoco creyentes ni purificadores de almas. El óxido lo cubre todo.

Mis credos son tres: el silencio, la vida y sus perfumes.

ANARQUÍA

En los dobleces del atardecer
y los silencios de la tempestad.

En las noches de luna nueva
y en la niebla del amanecer.

En el imprevisible mar de tus ojos
y en el vuelo del cormorán.

En el ocaso entre los almendros
y en el valor de la paz.

En la resiliencia ante lo divino.
En el amor no fingido.

En la fragilidad del ritmo
y la del pulso calmado.

En la fuerza del sol y de la tormenta.
En la sinceridad que nunca pedimos.

En los besos que callan el odio.
En el lecho y en la placenta.

En los placeres del tacto,
en el fulgor de una herida.

En el temor a la muerte
y en el ímpetu de la vida.

KURAU

Y así llegaron ellas,
escondiéndose.

Nadie quería que llegasen,
pero nunca buscaron conformidad.

Hijas del viento, herederas del mar.
Esperanza.

ALLÍ DONDE YA NADIE PIENSA

Déjate llevar por el aire y comienza a fluir.
Tendrás que dejar tu cuerpo mortal atado aquí,
pero si vienes verás cómo arde tu mente
y convierte en cenizas todos los problemas.

Por encima de las luces, del asfalto y de los telones, se esconden millones de sorpresas: colores nunca vistos, canciones nunca hechas, todas esas palabras reservadas a los poetas...

Allí donde viven las estrellas,
allí se encuentran.
Refugiadas del calor del sol
y de la lluvia de las tormentas.

Allí es donde está el baúl de las ideas.
Un lugar para que sea libre el que libre se encuentra.
Pero recuerda, al llegar no enciendas ni una vela o tan solo
conseguirás que desaparezcan.

Déjate llevar por el aire. Vuela.

PASAJEROS

Mechones de pelo, perfumes y calles abandonadas por las que solo yo ando. Encuentro nubes de fuego aparcadas en la acera. Maldito mundo de cemento.

No podrás volar si no cierras los ojos y descoses tu mente. Pronto llegará el momento en el que ya nada quede, ni siquiera los burdeles. Tendremos que empezar de cero, recoger nuestras propias cenizas del suelo, envolverlas en hojas de cerezo y volver a prenderles fuego.

Tan solo es el conejo quien no tiene miedo. —Ya no me ahogo, no queda hielo—. Volvamos para curar los sentidos que han muerto, los sentimientos que se salieron de su urna de cristal y se estrellaron contra el cielo.

En trance están los ojos del perro callejero. Los pájaros están asustados, juntos y muy asustados porque ha dicho el lobo que este mes se quedarán sin pelo.

La luz de los focos borró los te quieros y condenó a la luna a vivir en los charcos. El color blanco dejó de ser blanco, no tuvo más remedio, le apuntaba un hombre con sombrero al borde de ese desfiladero en el que acaban tus pestañas. De nuevo surge el deseo. ¿Que de qué hablo? ¿Acaso te importaba lo que estabas leyendo?

Una mañana más, el sol entrará por la ventana con total inmunidad, llenará la habitación de los colores del cielo y querrás llegar hasta él... pero él no tendrá tiempo. Estará apuntando al mar, buscando unos ojos que a él nunca le vieron.

FALSAS ESPERANZAS

Años y años buscando una esencia, mirando y observando fuese donde fuera, queriendo encontrar algo que me hiciera especial, queriendo tener algo por lo que luchar. No encontré nada, solo el vacío de falsas esperanzas, nubes negras que antes eran blancas. Fue duro andar por un camino de piedras, descalzo y rodeado de hienas.

Solo, humo en la noche, niebla en el día, pasara lo que pasara no descubría esa pieza del puzle que completaba mi vida. Escondida pero delante de mis ojos. Oculta pero sin tapar su rostro, allí se hallaba.

Sin creer, saber, que esa era ella. Sin saber, creer, que ella era esa. Esa pieza que faltaba, una espina que al tocarla pincha. Esa chica que ni tenía ni tendré, que no sé si quería pero que estoy seguro de que quiero y querré.

EXISTENCIALISMO ELEVADO A PI

Si fuese viento, arrancaría las veletas.
Si fuese tiempo, detendría los relojes.
Si fuese polvo, me escondería de los rayos de sol
para que no me encontrase nadie.

Si fuese sol, daría calor a todas las personas que no lo tienen y arrastraría a la más absoluta oscuridad a todos esos que no lo valoran.

Si fuese fuego, dejaría de arder tan solo por no cumplir sus deseos.

Si fuese agua, borraría del diccionario la palabra *sed*.
Si fuese pobre, sería feliz con poco.
Si fuese rico y todo tuviese, nada me haría feliz.

Si fuese nube, detendría mi camino tan solo para que me
preguntasen por qué.

Si fuese arena, le rogaría al viento que sepultásemos ciudades.

Si fuese silencio, os dejaría sordos.
Si fuese Dios... extinguiría.

¿Qué debo hacer mientras esté en este cuerpo?

TÚ, MI GRILLO

En traje de gala recibiré a mis penas,
como llegué al mundo.

Morir descalzo será mi último gusto. No sonarán violines,
pero ya los estoy oyendo.

Si pudiera contar todas las veces que miento
me daría cuenta de que nunca me dije la verdad.

Ni mi reflejo en un charco es cierto
aunque parezca pura improvisación.

Notar tu aroma en el aire... esa será mi única constante.

Juntos olvidaremos las palabras que no fuimos capaces de pronunciar.

INCONDICIONAL

Viste mis cicatrices, mi mirada convulsa y tomaste mi paso.

Sentiste mi pulso sincopado, mi mente descosida, y cogiste mi mano.

Supiste pronto de mis entrañas, de mi lisérgica inconsciencia, y confiaste en mí.

Escuchaste mis labios de arcilla perder el sentido de la oración y continuaste atenta.

Veías mi piel hambrienta olvidada por el sol y desdibujaste sus límites.

Te propusiste llenarlo todo de color y llamaste a la pena *olvido*.

DE VIVIR

Incendiaré tus naves
mientras te envuelvo
entre laureles.

JL

Nos encontraremos en la oscuridad.
Sé que estarás leyendo o dibujando.
Por fin habrás apagado la tele
y sonará de fondo esa entrada de bajo y batería de *Fortunate son.*

Tú me dirás *cómo va todo, chaval,*
yo te preguntaré por tu abuelo.
Algunas cosas no cambiarán,
a cada duda que tenga me seguiré preguntando qué habrías
hecho tú
[y seguiré deseando ser tan listo y tan bueno].

De momento, veremos un Mundial más,
pero si alguna vez tienes miedo,
recuerda que mi mano siempre estará
donde estuvo la tuya antes y que jamás te soltaré.

Me enseñaste que para vivir no hacían falta frenos
y que lo primero es aprender a perdonarse a uno mismo.
Acuérdate de esto.

Sigamos disfrutando del camino
y brindando al mediodía
por todos los buenos ratos,
por lo que aprendimos juntos de la vida
y porque sí, porque este momento es nuestro.

Lo conseguiste,
fuiste el mejor de los espejos.
Te admiro y te quiero.
Vete tarde, por favor,
que aún tengo mucho que aprender...

ÍNDICE

TALUD

ÍCARO

Este libro se terminó de editar en Granada
en mayo de 2024 por

www.aliarediciones.es
info@aliarediciones.es